Instruktion

für die Auditeure

der kurfürstlich sächsischen Armee

herausgegeben von Jörg Titze

Beiträge zur sächsischen Militärgeschichte
zwischen 1793 und 1815

Heft 56

———

Die von Ihro Churfürstl. Durchlaucht zu Sachsen gnädigst approbierte Instruktion für die Auditeurs lassen wir, zu Höchstdero General-Kriegs-Gerichts-Kollegio verordnete Präsident und Räte, dem Herrn Auditeur Noeller hierbei zufertigen, mit der ausdrücklichen Anweisung, deren Inhalt sich wohl bekannt zu machen und derselben bei der von ihm geleisteten Pflicht allenthalben genau nachzukommen, ingleichen diese Instruktion dem ihm vorgesetzten Kommandanten sofort, auch künftig, so oft es erforderlich sein möchte, gebührend vorzutragen, und den Tag deren Empfangs schriftlich hier anzuzeigen.

Dresden, am 10ten November 1794

Churf. Sächs. General-Kriegs-Gerichts-Kollegium

Riedesel FrhrzE

Ernst August Carl Hävecker

———

Instruktion

für die Auditeure

der kurfürstlich sächsischen Armee

Die Deutsche Bibliothek verzeichnet diese Publikation in der Deutschen Nationalbibliographie; detaillierte bibliographische Daten sind im Internet über http://dnb.ddb.de abrufbar.

Die Deutsche Bibliothek – CIP – Einheitsaufnahme

Jörg Titze (Hrsg.) –Instruktion für die Auditeure der kurfürstlich sächsischen Armee

ISBN 978-3-7412-4166-6

© 2019 Jörg Titze

Herstellung und Verlag:

Books on Demand GmbH, Norderstedt

Einleitung

Die Rechtspflege in den Regimentern der sächsischen Armee oblag den Auditeuren. Zur Anleitung der Auditeure wurde am 25.10.1794 die im nachfolgenden wiedergegebene Instruktion durch das General-Kriegs-Gerichts-Kollegium erlassen.

Der Instruktion beigefügt waren das Reglement wie bei der Armee ein Stand-Recht gehalten werden soll vom 19.04.1758 und die General-Ordre zu den Diebstählen unter Kameraden vom 22.11.1790.

Da in der Instruktion für die Auditeure mehrfach auf das 7.Kapitel im IV.Buch des Dienstreglements für die Infanterie von 1753 und die Kriegs-Artikel verwiesen wird, sind diese gleichfalls beigefügt.

Die Kriegsartikel vom 30.11.1700 sind dem 6.Band des Handbuches der chursächsischen Gesetze von 1805 entnommen, so dass sich die Verweise in der Instruktionen auf eben diese Kriegsartikel beziehen.

In der Instruktion wird gleichfalls Bezug auf das Kriegs-Gerichts-Reglement vom 23.01.1789 und auf die Prozess- und Gerichts-Ordnung (Erläuterung und Verbesserung der bisherigen Prozess- und Gerichts-Ordnung) vom 10.01.1724 genommen. Beide Werke sind zu umfangreich, als dass sie im Rahmen dieses Heftes wiedergegeben werden können. Sie sind jedoch digital verfügbar.

Als am 10.03.1811 auf königliche Anordnung eine Kommission zur Reformierung des Kriegs-Rechts eingesetzt wurde, war die Instruktion für die Auditeure vom 25.10.1794 ein Ausgangspunkt. Soweit bis heute (Stand Mai 2019) die Arbeit dieser bis zum Eintritt des russischen Gouvernements im Jahre 1813/14 tagenden Kommission überblickt werden kann, wurde die in Rede stehende Instruktion weder aufgehoben noch ersetzt. Ob diese Instruktion auch während der Gouvernements Gültigkeit behielt, lässt sich auf Basis des heutigen Forschungsstandes nicht sagen, ist aber besonders für das preußische Gouvernement nicht zu erwarten.

Bedanken möchte ich mich bei den Damen des Hauptstaatsarchivs Dresden, für die – wie immer – problemlose Bereitstellung der Akten.

Auch Ihnen, werter Leser, danke ich für das Interesse an diesem Heft.

Für Reaktionen, Anmerkungen, Ergänzungen, Kritik etc. pp. stehe ich Ihnen gern unter
      sachsen-titze@t-online.de
zur Verfügung.

Instruktion

Für die bei der Churfürstlich Sächsischen Armee angestellten Auditeurs

1.)

Soll der Auditeur nach seinem teuren Eid jederzeit als ein rechtschaffener Mann und unparteiischer gewissenhafter Richter sich bezeigen **Ihro Churfürstl. Durchl. zu Sachsen** pp. unserm gnädigsten Herrn, untertänigst treu sein, **Höchst Dero** Ehre und Nutzen nach allem Vermögen befördern, auch Schaden und Nachteil, soviel an ihm ist, abzuwenden helfen.

2.)

Der Auditeur ist der hohen Generalität, dem General-Kriegs-Gerichts-Kollegio, als seiner ordentlichen Gerichts-Instanz und dem ihm vorgesetzten Kommandanten Subordination, ingleichen den Stabs-Offiziers Respekt schuldig, hiernächst den übrigen Offiziers Achtung, sowohl den Unter-Offiziers und Gemeinen Gefälligkeit, obschon ohne unanständige Familiarität, zu erweisen verbunden, insbesondere außer die Befehle und Verordnungen seines jedesmaligen Kommandanten, an welchen allein er in Gerichts-Sachen Rapport zu erstatten hat, befolgen, ohne dessen Vorwissen weder actus voluntariae noch contentiosae jurisdictionis, viel weniger Verhöre und Untersuchung vornehmen und des Kommandanten Zutrauen durch Wohlverhalten, Fleiß, auch dadurch sich zu erwerben suchen, dass er jede

Gerichts-Sache nur nach reiflicher Überlegung mit gründlicher Überzeugung wie sie wirklich so und nicht anders rechtlich zu behandeln sei, ohne unzeitigen unnützen Widerspruch vorträgt; Daferner er aber die Befehle und Verordnungen seines Kommandanten in gerichtlichen Angelegenheiten den Rechten nicht gemäß erachte, soll er die obwaltenden Zweifel mit schuldiger Bescheidenheit vorstellen und solche, nötigen Falls bei dem Churfürstlichen General-Kriegs-Gerichts-Kollegio zur Resolution anzeigen.

3.)

Weil von dem Auditeur gefordert wird, dass er der Rechte kundig sei, vornehmlich aber die Art und Weise des gesetzlichen Verfahrens in Zivil- und Untersuchungs-Sachen wohl verstehe; So kann er dieserwegen an sich Unterricht nicht erwarten, sondern er wird auf die Beobachtung der Churfürstl. Sächs. Gesetze, Mandate und Vorschriften, der Prozess-Ordnung, Vormundschafts-Ordnung, peinlicher Hals-Gerichts-Ordnung und des Generalis wegen des Verfahrens in Untersuchungs-Sachen sowie zu Befolgung aller Höchsten Orts und sonst in der Armee ergangenen auch künftigen Ordres, der Chur-Sächsischen Kriegs-Articul, der Ordonnanz, des Dienst-, Wirtschafts- und Kriegs-Gerichts-Reglements, zur unparteiischen Justiz-Pflege mit gehöriger Bescheidenheit gegen die Parteien, ingleichen mit ernsthaftem jedoch glimpflichen Betragen gegen die Inculpanten bei gerichtlichen Vernehmungen, überhaupt angewiesen, auch

4.

um von der Militär-Verfassung zum Behuf seiner Dienstleistung, erforderliche Kenntnis zu erlangen, zugleich bedeutet, das kriegsgerichtliche Archiv sich genau bekannt zu machen, vorerwähnte Höchsten Orts und sonst ergangenen Ordres, die Kriegs-Articul, die Ordonnanz, das Dienst-, Wirtschafts- und Kriegs-Gerichts-Reglement, den Codicem legum militarium Saxonicum und andere in die Kriegs-Gerichts-Wissenschaft einschlagenden Bücher fleißig zu lesen und zu studieren.

Lediglich hierdurch und mit Anstrengung eigenen Nachdenkens kann das unzeitige, nur in solchen Fällen, welche zur höheren Instanz sich qualifizieren oder zweifelhafte Rechts-Punkte betreffen, erforderliche Anfragen vermieden werden, womit nur ein unfleißiger Unter-Richter in den zur ersten Instanz gehörigen Sachen sich zu behelfen suchet.

5.)

Alle eingehende Gerichts-Sachen trägt der Auditeur in eine jährliche Registrade unter fortlaufenden Nummern, mit kürzlicher Bemerkung des Tages, an welchen sie einkommen und des Gegenstandes, ingleichen wenn und wie sie expediert worden, auch hat er die Ausfertigungen und Registraturen leserlich zu schreiben, die Akten und Protokolle reinlich und das Archiv in guter Ordnung zu halten und darüber ein richtiges Inventarium zu fertigen.

6.)

Jeder neu angeworbene Mann und Rekrut wird vor der Verpflichtung in das darüber absonderlich zu haltende Protokoll mit dem Vor- und Zunamen, Alter, Vaterland, der Religion, Profession, Handtierung oder des vorher getriebenen Gewerbes, auch mit der Bemerkung: ob er beweibt sei und Kinder habe? oder bereits als Soldat gedient, wo, wie lange, auf was Art er aus solchem Dienst gekommen? ingleichen die Art seiner Anwerbung oder Ablieferung, auch ob sie mit oder ohne versprochenes und ganz oder zum Teil bereits erhaltenes Handgeld sowohl ob auf eine und unter welcher Bedingung bewilligte Kapitulation geschehen? zur künftigen Nachricht richtig eingeschrieben und sodann, nach vorgehender deutlicher Verlesung und Erklärung der Chur-Sächsischen Kriegs-Articul sowohl, als der unterm 11ten September 1747 wegen der Deserteurs und der unterm 22ten November 1790 wegen der Diebstähle unter Kameraden ergangenen General-Ordre, ingleichen nach Vorhaltung der Wichtigkeit des Eides und der schweren Strafe des Meineides, zur Fahne gehörig verpflichtet, hierüber allenthalben aber pflichtmäßige Registratur gefertigt.

Gleichergestalt sind

7.)

eines jeden ordentlich verabschiedeten oder sonst entlassenen Mannes National-Umstände, nebst der Ursache seiner Verabschiedung oder Entlassung, in ein absonderlich darüber zu haltendes Protokoll, mittelst richtiger Registratur einzutragen.

8.)

In das nach des General-Kriegs-Gerichts-Collegii Anordnung vom 15ten Mai 1793 zu haltende Depositen-Buch muss der Auditeur alle bei dem Kriegs-Gerichte befindliche auch künftig eingehende Deposita, nämlich bare Gelder, mit richtiger Angabe der Münz-Sorten, Kassen-Billets, Dokumente, Pretiosa und andere Effekten, als Einnahme unter fortlaufenden Nummern, mit kürzlicher Bemerkung der Sache, ingleichen des Tages der geschehenen Deposition und mit Allegierung der zugehörigen Akten, sowie auf der gegenüberstehenden die Verabfolgung der Depositorum, mit Bemerkung des Empfängers und des Tages der Verabfolgung auch wo die darüber erteilte Quittung anzutreffen, richtig eintragen, dafür, dass sämtliche Deposita nebst beizufügender Bestands-Rechnung, bei der Regiments-Kasse in sichere Verwahrung gebracht wurden, gebührend sorgen, hiernächst den nach Vorschrift nur allegierter Verordnung zu Michael und Ostern jeden Jahres bei dem General-Kriegs-Gericht-Kollegio aus dem gerichtlichen Depositen-Buche nach dessen Nummern und Blättern einzureichenden, von dem jedesmaligen Kommandanten zu autorisierenden Extrakt des Betrages sämtlicher gerichtlicher Depositorum, mit der Bemerkung unter welchem Beschluss sie befindlich sind, auch worauf die bisher unterbliebene Verabfolgung beruhe, fertigen und contrasignieren.

9.)

Ist der Auditeur verbunden für Alles, was zum Besten der unter des Kriegs-Gerichts-Ober-Vormundschaft stehenden Unmündigen gereicht, nach Vorschrift der Vormundschafts-Ordnung pflichtmäßig zu sorgen, insbesondere aber, wenn Mündel-Gelder in Gemäßheit der Vormundschafts-Ordnung Cap. XV § 8 et 9 angewandten Fleißes ungeachtet nicht unterzubringen wären, zu veranstalten, dass dergleichen Gelder entweder auf gerichtliche Hypotheken gegen drei und ein halb oder äußersten Falls drei Prozent Zinsen ausgeliehen, oder, wenn auch hierzu, oder zu Erkaufung Landschaftlicher Obligationen keine Gelegenheit sich fände, mit solchen Geldern alte, in Landschaftliche Obligationen nicht verwandelte mit drei vom Hundert zinsbare Steuer-Scheine oder auch Kammer-Kredit-Kassen-Scheine zu drei Prozent Zinsen, und, daferner diese nicht zu erlangen, dergleichen Scheine zu zwei Prozent zinsbar erhandelt werden, jedoch was sotane Scheine betrifft, dergestalt, dass, wie hoch selbige zur Zeit des Einkaufs im Kurs gestanden, bei der nächsten Jahres-Rechnung von den Vormündern eben so, wie wegen der Landschaftlichen Obligationen in der angezogenen Vormundschafts-Ordnung Cap. XV. § 9 vorgeschrieben ist, gehörig beigebracht, auch übrigens allenthalben darauf, dass dergleichen Gelder auf die zu jeder Zeit vorteilhafteste Art untergebracht werden mögen, die vorzüglichste Aufmerksamkeit gerichtet werde.

Hiernächst wird zur Erläuterung des Kriegs-Gerichts-Reglements im 2ten §^{pho} des 3ten Abschnitts pag. 17 zur gebührenden Nachachtung hiermit bemerkt, dass zu Folge Höchsten Befehls vom 14ten Juni 1793 zwar überhaupt die Militär-Gerichte der Bestellung der Curatorum Saxus für Witwen und resp. der Vormünder für Kinder verstorbener Militär-Personen intra trigesium sich enthalten sollen, jedoch, dass wenn binnen dem 30sten Tage bei Militär-Verlassenschaften solche Handlungen vorfallen, die keinen Aufschub leiden und ohne Zuziehung eines Curatoris Saxus oder sonstigen Vormunds auf zu Recht beständige Art nicht vorgenommen werden können, solchenfalls die Militär-Gerichte bloß zu diesen Handlungen, in soferne sie schlechterdings annoch vor dem 30sten bei und vor ihnen vorgenommen werden müssen, Curatores in specie bestellen mögen, wobei aber dergestaltige Vorsicht jederzeit anzuwenden, damit den Nachgebliebenen unnötige Unkosten nicht verursacht werden.

10.)

Nach Absterben der unter des General-Kriegs-Gerichts-Kollegii Jurisdiktion stehenden Generals und Stabs-Offiziers, ingleichen deren Ehegattinnen und der bei ihren Personen sich befindenden Dienstboten, außerhalb Dresden, hat der Auditeur bei dem ihm vorgesetzten Kommandanten darauf anzutragen, dass Kriegs-Gerichts wegen der

Mobiliar-Nachlass in Gemäßheit der Vormundschafts-Ordnung pag. 14 § 3 und des Kriegs-Gerichts-Reglements pag. 18 § 3 et pag. 19 § 5 versiegelt, jedoch hierbei Etwas weiter, außer was die Besorgnis des Begräbnisses betrifft, nicht vorgenommen, vielmehr der Erfolg, mit Bemerkung der einschlagenden Umstände, nämlich, ob der Verstorbenen Ehegatte, mündige oder minderjährige Kinder, oder bekannte nahe Anverwandte, Heergeräts- oder Parade-Erben, ingleichen unbewegliche Güter, beträchtliche Schulden, Ehe-Stiftung, Heergeräts- oder Parade Kauf und letzten Willen hinterlassen, auch bei dem Regiment etwas zu vertreten habe? sofort an erwähntes Kollegium zum Behuf der ferneren Resolution, berichtet werde.

11.)

Hat der Auditeur die Jura fisci wegen Gebrauch des gestempelten Papiers bei Urkunden und in Zivil-Prozess-Sachen, ingleichen wegen Bezahlung des Post-Geldes, wovon nur die Rapports in Untersuchungs-Sachen wider Unter-Offiziere und Gemeine befreit sind, sowohl wegen des Abzug-Geldes vor Verabfolgung der unter des Kriegs-Gerichts Kognition gehörigen Erbschaften außer Landes, als wegen Einziehung der dem Fisco unter der Kriegs-Gerichtsbarkeit angefallenen Heergeräts- und Parade-Stücken zu beobachten und bei dem ihm vorgesetzten Kommandanten anzutragen, das in Ansehung dergleichen Abzugs-Gelder, Heergeräts- und Parade-Stücken des

General-Kriegs-Gerichts-Kollegii Anordnung mittels Berichts erwartet werde.

12.)

Um in solchen Fällen, wo, nach der gesetzlichen Vorschrift, wegen der Schulden der Capitaines und Subaltern-Offiziers dem Verleiher zu seiner Forderung nicht verholfen werden soll, undienlichen Weiterungen und Kosten vorzubeugen, kann der Auditeur mit Vorwissen des ihm vorgesetzten Kommandanten, in Rücksicht, dass die Klage dennoch nicht sofort unverhörter Sache abzuweisen ist, dem Kläger gleich anfänglich schriftlich eröffnen, dass ihm zwar zu dem ohne des Regiments-Kommandanten Einwilligung getanen Vorschusses nach der gesetzlichen Vorschrift nicht zu verhelfen sei, jedoch, daferne er nichts desto weniger die Schuld-Klage fort zu setzen gesonnen wär, und zuförderst der Prozess-Ordnung ad Tit. XIII behörige Genüge leistete, die gewöhnliche Ausfertigung darauf erfolgen werde: Auch ist sodann, auf Klägers weiteres Anlagen, mit Anberaumung Termins zur Güte und Recht sowohl mit Publikation des Dekrets und sonst gebührend zu verfahren.

13.)

Da die im Kriegs-Gerichts-Reglement § 3 des 8^n Abschnitts dem Auditeur vorgeschriebene Erlassung der Kriegs-Gerichtlichen Ausfertigungen nur die Zivil-Sachen betrifft, von welchen erwähnter Abschnitt lediglich handelt: So soll der Auditeur die Requisitionen und Antworten in Denunziations- und Untersuchungs-Sachen nicht in seinem oder des Kriegs-Gerichts Namen ausfertigen und unterschreiben, wie verschiedentlich aus den Akten bisher wahrzunehmen gewesen, sondern alle dergleichen Schreiben im Namen des jedesmaligen Kommandanten abfassen, und sie demselben zur Vollziehung vortragen.

14.)

Bei der Vorschrift des Dienst-Reglements Libr: IV Kap. VII § 8 als des Kriegs-Gerichts-Reglements im 9ten Abschnitt § 2 nach welcher leichte Verbrechen eines Unter-Offiziers oder Gemeinen von dem Obristen oder Regiments-Kommandanten ohne weitläufigen Prozess und ohne Besetzung eines Kriegs-Rechts, mit Zuziehung des Auditeurs, untersuchet und abgetan werden, ist zu bemerken, dass darunter nach der observanti fori militaris hauptsächlich solche Begünstigungen zu verstehen sind, welche die Libro I Kap. IV des Dienst-Reglements und Kap. X der Ordonnanz de $A^{\underline{o}}$ 1752 abgehandelte Disziplin und andere geringe Exzesse betreffen, insoferne deren Bestrafung die in nurerwähnten Vorschriften dem Capitaine nachgelassene Züchtigung an sich, auch wegen mehrmaliger Wiederholung oder sonst einschlagender erheblichen Umstände, überschreitet, jedoch zu Überführung des Inculpanten bei ermangelndem Eingeständnis, oder in Rücksicht der Mitschuldigen und der Befriedigung des Beleidigten, eine förmliche Untersuchung nicht erfordert.

Vornehmlich in solchen Fällen muss der Auditeur Fleiß anwenden, die Übertreter von dem Ungrund ihres Leugnens, der Strafbarkeit ihres Vergehens und dass das Absehen bei der Strafe auf ihre Besserung, sowie auf nötige Erhaltung guter Ordnung lediglich gerichtet werde, durch wohlmeinende Vorstellung zu überzeugen, zumal bei jungen und in dem Schul-Unterricht verabsäumten Leuten, welche gemeiniglich mehr aus Leichtsinn und Mangel der Überlegung, als aus Bosheit, fehlen, oft ungleich kräftiger wirket, als die ohne Überzeugung des Unrechts erfolgende Bestrafung, wodurch zu Erbitterung und Verstockung Gelegenheit gegeben wird.

Hiernächst hat der Auditeur das von ihm erforderte pflichtmäßige Gutachten über dergleichen Bestrafung am Leibe nach den gravierenden Umständen sowohl, als auch nach der Leibes-Beschaffenheit des Übertreters, ingleichen nach den Besinnungen seines Kommandanten, wenn derselbe zu allzu großer Strenge geneigt wär, mit Vorsicht und Klugheit dergestalt einzurichten, dass die Strafe nötigen Falls zwar ernstlich, jedoch der Vergehung angemessen ist, und der Übertreter auf keinen Fall an seiner Gesundheit einigen Schaden erleiden kann.

15.)

Auf jedes gerichtliches Verhör in Denunziations- und Untersuchungs-Sachen, zumal in wichtigen Fällen, muss der Auditeur aus dem, was deshalb bereits bei den Akten bekannt ist, sich wohl vorbereiten, um den Fehler zu vermeiden, bald zu viel auf einmal, bald zu wenig zu fragen, und die Geschicklichkeit immer mehr zu erlangen suchen, Alles was sowohl zur Erforschung der Wahrheit, als zu der Inculpanten Verteidigung und Entschuldigung gereicht, am rechten Orte so vollständig als pflichtmäßig zu registrieren, jedoch soll er aller verbotenen Suggestion und Parteilichkeit, bei Vermeidung ernsten Einsehens sich enthalten, insbesondere die Inculpanten und Inquisiten zu der im Kriegs-Gerichts-Reglement pag. 44 § 9 nachgelassenen Appellation, Berufung auf Höchste Gnade und zu der Bitte um gnädigste Abolition nicht etwa selbst verleiten, wenn sie aber aus eigener Bewegung darauf verfallen, ihr diesfalsiges Anbringen zum Behuf der deshalb anbefohlenen Berichts-Erstattung bestimmt und mit den dahin einschlagenden Bewegungsgründen niederschreiben.

16.)

Schwere Verbrechen, welche an Ehre oder Leben zu bestrafen sind, oder auch nur eine harte Leibes-Strafe nach sich ziehen, sind bei den niederen Kriegs-Gerichten schlechterdings eigenmächtig nicht abzutun, sondern nach Vorschrift der Gesetze gehörig zu untersuchen, und vor Vollziehung des Straf-Erkenntnisses die Akten bei dem General-Kriegs-Gerichts-Kollegio mit Bericht einzureichen. Wenn aber Unter-Offiziers und Gemeine deliquieren, das Verbrechen bei der summarischen Untersuchung einräumen, oder zu Recht dessen überführt werden, und aus der genüglichen Untersuchung, dass poena ordinaria vel capitalis nicht stattfinden könne, voraus zu sehen ist; So wird zu Abkürzung dergleichen Untersuchung, jedoch mit Ausschluss der Subordinations-Verbrechen, ingleichen der causarum homicidii, incendii, furti qualificati et rapinae und andern solchen schweren Verbrechen, an deren exemplarischen Bestrafung dem Publico am meisten gelegen ist, den niederen Kriegs-Gerichten nachgelassen, an erwähntes Collegium Bericht mit Beifügung der Akten zu erstatten, und nach Befinden die Anordnung einer verhältnismäßigen poena arbitrariae zu erwarten, zu deren Behuf wegen des Inculpanten vorheriger Aufführung, bereits erlittener Bestrafung, Leibes-Beschaffenheit und Krankheits-Zufälle jedesmal glaubwürdige Nachrichten zu den Akten zu bringen sind.

17.)

Kriegs-Recht ist nur über Personen des Soldaten-Standes, wegen solcher Verbrechen, welche bei Verlust des Dienstes und der Ehre, ingleichen bei einer schweren Leibes- oder Lebens-Strafe verboten sind, hiernächst über die zum Militär-Etat gehörigen Personen, daferne sie auf die Kriegs-Artikel verpflichtet worden, wegen Subordinations-, Meuterei- oder Desertions-Verbrechen alsdann zu halten, wenn die Akten durch summarische Vernehmung, Zeugen-Verhör, Vernehmung über Inquisitional-Articul, durch Konfrontation und sonst zum Spruch völlig instruiert sind, dabei aber außerdem, was diesfalls im Dienst-Reglement das VII^te Kapitel des IV^ten Buches vorschreibet, Folgendes zu beobachten:

a.)

Der Kriegs-Rechts-Versammlung wird der Inquisit ungeschlossen vorgestellt, zuförderst von dem Praeside oder dem Auditeur die Ursache von der Zusammenrufung kürzlich erwähnt, dabei der Inquisit darüber: ob er wider den einen oder den anderen Beisitzer etwas Erhebliches zu erinnern habe? befraget und seiner erheblichen Erinnerung alsbald abgeholfen, sodann der Kriegs-Rechts-Consessus mit dem gewöhnlichen Richter-Eide, in welchem diejenigen Rechte und Landes-Gesetze, worauf bei dem zu entscheidenden Fall hauptsächlich Rücksicht zu nehmen ist, mit zu bemerken sind, von dem Auditeur, in Gegenwart des Inquisiten, behörig verpflichtet, der Kriegs-Rechts-Versammlung der Inhalt der gesamten wider den gegenwärtigen Inquisiten ergangenen Akte deutlich vorgelesen, und Alles, was der Inquisit in Ansehung der ihm frei zu stellenden Erläuterungen oder Erinnerungen annoch aufführt, sofort umständlich niedergeschrieben auch abgelesen.

b.)

Wird Inquisit, wenn er irgend Etwas weiter, auf Befragen, nicht zu erinnern hat, in Arrest abgeführt, hierauf dem Kriegs-Rechts-Consessui von dem Auditeur die eigentliche Beschaffenheit des dem Inquisiten beigemessenen Verbrechens, die von ihm eingestandenen und wider ihn erwiesenen, auch die zu seiner Entschuldigung oder Verteidigung obwaltenden Umstände aus den Akten mit gewissenhafter Pünktlichkeit vorgetragen, ingleichen das, was diesfalls die Rechte verordnen auch inwiefern sie auf den jetzt zu entscheidenden Fall anzuwenden, zur Erwägung deutlich erkläret, und im Namen des Praesidis der Consessus angewiesen, einstweilen abzutreten, um nach den Chargen wegen eines gesetzmäßigen Voti sich zu vereinigen.

c.)

Im Beisein des Praesidis sammelt nachher der Auditeur die Vota der Assessorum von unten auf chargenweise, mehrenteils mündlich, jedoch in weitläufigen, wichtigen und vornehmlich mehrere Inquisiten betreffenden Sachen, von den Offiziers schriftlich zum Protokoll, auch sind den Votis, jedesmal kurze Entscheidungs-Gründe beizufügen um daraus wahrzunehmen, ob die Sache von den Votanten richtig eingesehen und beurteilt worden.

d.)

Sobald der Auditeur ein in einem Kriegs-Recht abgelegtes Votum den aus den Akten sich ergebenden Umständen oder den Rechten nicht gemäß befindet, muss er sofort die Votanten über die Beschaffenheit des in Frage stehenden Verbrechens sowohl, als über die darauf anzuwendenden gesetzlichen Verordnungen anderweit belehren:

Wenn selbige aber nichts desto weniger bei dem abgelegten Voto beharren, letzteres niederschreiben, auch in allen Fällen, wie von ihm hierunter verfahren worden, und was darauf erfolgt sei, bestimmt ad Acta anmerken.

e.)

Könnte ein oder das andere Paar der zusammen votierenden über ihr gemeinschaftliches Votum, der beschehenen Vorstellung ungeachtet, sich nicht vereinigen, so wird zwar eines jeden Beisitzers Votum absonderlich niedergeschrieben, diese einzelnen Vota sind jedoch ungültig.

f.)

Der Praeses und Auditeur haben das Votum conclusium.

Nach beendigtem Votieren werden der Kriegs-Rechts-Versammlung die gesamten Vota aus dem Protokoll deutlich vorgelesen, worauf das Kriegs-Rechts-Urteil zwar nie anders, als nach den mehrsten oder einstimmigen Votis abzufassen, jedoch in solchen Fällen, wenn die mehresten Vota wegen der Art der Strafe, welche die Kriegs-Gesetze entweder nur nach Befinden der Umstände verordnen oder dem pflichtmäßigen Ermessen des Kriegs-Rechts überlassen, nicht übereintreffen, das niedergesetzte Kriegs-Recht nicht sofort aufzuheben, sondern der Kriegs-Rechts-Spruch annoch in der Maße zu Stande zu bringen ist, daferne diejenigen Beisitzer, deren Vota zu hart ausgefallen sind, auf des Praesidis und Auditeur behufiges Vorstellen mit den legalen gelinden Votis sich konformieren und sodann die mehresten Stimmen zu einem legalen Spruch eintreten: Wären aber die meisten Vota den Rechten offenbar entgegen und auch nur der Praeses und Auditeur wegen ihres Voti nicht einig, so sind zwar sämtliche Vota zu protokollieren und abzulesen, jedoch die Akten, ohne einen Kriegs-Rechts-Spruch zu fertigen, bei dem General-Kriegs-Gerichts-Collegio einzureichen.

g.)

Jeder Kriegs-Rechts-Spruch muss zuförderst Statum causae, hiernächst die Zweifels- und Entscheidungs-Gründe und sodann die Erkenntnis enthalten, auch das Erkenntnis nach der Strenge der Gesetze ohne Rücksicht auf Begnadigung erfolgen, wohl aber sind solche Umstände, welche bei dem untersuchten Verbrechen dergestalt eintreten, dass solches dadurch ein anderes Ansehen gewinnt, und deshalb die ordentliche Strafe nach Vorschrift der Rechte zu mindern ist, allerdings in behörige Obacht zu nehmen.

Endlich

h.)

wird das solchergestalt legal abgefasste und vorgelesene Urteil von der gesamten Kriegs-Rechts-Versammlung eigenhändig unterschrieben und besiegelt, diese sodann, imposito silento, bis zur Publikation entlassen, und das Urteil nebst den

Akten von dem Kommandanten bei dem General-Kriegs-Gerichts-Collegio mit Bericht eingereicht.

18.)

Die Untersuchungen schwerer Verbrechen betreffen entweder bloß gemeine, oder bloß Militär-Verbrechen, oder beiderlei Verbrechen zugleich.

In dem zuerst erwähnten Falle, daferne die Untersuchung zu der in vorstehenden 16ten Punkte nachgelassenen Berichts-Erstattung sich nicht qualifizieret, sind rechtliche Informate mit zugehörigen Zweifels- und Entscheidungs-Gründen bei den Dicasteriis hiesiger Lande einzuholen.

Ist das Informat nicht hauptsächlich entscheidend, oder nur annoch auf eine kurze Arrest-Strafe, oder gar darauf gerichtet, dass wider den Inculpanten in Mangel Verdachts überhaupt oder noch zur Zeit Etwas weiter nicht vorzunehmen;

So wird, zu Abkürzung der Sache, das danach zu fertigende kriegsgerichtliche Dekret sofort eröffnet, außerdem aber Kriegs-Recht gehalten, und darinnen in Gemäßheit des rechtlichen Informats erkannt.

Sollte jedoch der Umstand sich ereignen, dass ein dergleichen Informat ganz oder gar zum Teil der Militär-Verfassung entgegen wär; So ist mit fernerem Verfahren darauf anzustehen und zuvörderst an das General-Kriegs-Gerichts-Collegium Bericht mit den Akten zu erstatten.

19.)

Betreffen die Untersuchungen bloß solche schwere Militär-Verbrechen, worüber der im 16ten Punkte nachgelassene Bericht nicht stattfindet, sondern Kriegs-Recht ohne vorgehende Einholung rechtlichen Informats, zu halten ist, so sind dabei drei Fälle genau zu beobachten:

Nämlich die Kriegs-Gesetze verordnen entweder:

1.) Die Art der Strafe ausdrücklich, wie der 8, 13, 17ten Kriegs-Articul, oder

2.) Nach Befinden der Umstände eine Ehren-, Leibes- oder Lebens-Strafe, wie in dem 1, 3, 4, 5, 6, 10, 11, 12 und 20sten Kriegs-Articul, oder

3.) Sie überlassen lediglich dem Ermessen des Kriegs-Rechts die Bestimmung der Strafe, wie in dem 9, 19 und 21ten Kriegs-Articul.

In den 1sten Fällen muss der Kriegs-Rechts-Spruch auf die vorgeschriebene Art der Strafe, insofern die sub g.) erwähnten rechtlichen Milderungs-Ursachen nicht eintreten, schlechterdings gegründet, hingegen in den übrigen beiden Fällen weder zu strenge noch zu gelinde sondern nach der Beschaffenheit der Umstände sowohl, als nach den bei der Chur Sächsischen Armee eingeführten Kriegs-Gebräuchen und Observanzien abgefasst werden.

20.)

Betreffen aber die Untersuchungen schwere gemeine und Militär-Verbrechen zugleich, so kommt es darauf an, auf welche Art dieser mit einander in Untersuchung befangenen Verbrechen die Gesetze eine härtere Strafe verordnen, um, wenn das härter zu bestrafende Verbrechen zu der im 16ten Punkte nachgelassenen Berichts-Erstattung sich nicht qualifizieret, sodann wegen der Entscheidung der Sache entweder nach Vorschrift des 18ten oder 19ten Punkts zu verfahren.

21.)

Die Art und Weise, wenn und wie Stand-Recht zu halten, ist in dem sub dato Warschau am 19ten April 1758 erlassenen Reglement nach der hier beigefügten Abschrift deutlich vorgeschrieben, wonach der Auditeur begebenden Falls sich genau zu richten verbunden.

22.)

Bei den jährlich einzureichenden Prozess-Tabellen gehet die Absicht dahin, um daraus beurteilen zu können, ob jede noch nicht beendigte Rechts-Sache behörig befördert, oder ungebührlich verzögert worden, sie sind also durch kürzliche Anführung dessen, was und wann in jeder während des Jahres angefangenen Sache ergangen? ingleichen was in jeder vorher anhängigen Sache seit der vorjährigen Tabelle und wenn weiter geschehen? warum der Fortgang, daferne er ungewöhnlichen Anstand gehabt, nicht zeitiger erfolget, auch, ob und wenn er nötigen Falls erinnert worden? zweckmäßig zu erläutern.

23.)

Die Insinuation der gerichtlichen Ausfertigungen lässet der Auditeur durch den absonderlich deshalb zu verpflichtenden Profos verrichten und erteilet ihm erforderliche Instruktion, wie er diesfalls sowohl, als wegen Visitierung, Verwahrung und Verpflegung der Arrestanten, sich verhalten muss, erkundiget sich auch selbst von Zeit zu Zeit bei den Arrestatnten, ob sie über Etwas sich zu beklagen Ursache haben.

24.)

Ohne Urlaub des Kommandanten soll der Auditeur über Nacht nicht aus dem Quartier bleiben, und ohne des General-Kriegs-Gerichts-Collegii Bewilligung nicht über 14 Tage Urlaub nehmen, auch dafür sorgen, dass sein Dienst inzwischen von einem rechtschaffenen geschickten auch zur Praxi iuridica in hiesigen Landen legitimierten Notario verwaltet werde und zum Behuf solcher Urlaubs-Bewilligung nicht nur die diesfalls getroffenen Veranstaltungen schriftlich hier anzeigen, sondern auch des Kommandanten Genehmhaltung dazu beibringen.

25.)

Der Auditeur muss mit dem ihm ausgesetzten Gehalt, ingleichen mit den Gebühren, welche ihm die dem Kriegs-Gerichts-Reglement beigefügte Tax-Ordnung in den darinnen erwähnten Fällen gestattet, sich begnügen lassen, insbesondere zu Folge des an die Korps und Regimenter unterm 7ten Juli letzthin publizierten Höchsten Befehls, an Auktions-Gebühren, wenn er die Auktion selbst hält, mehr nicht als 1 Taler täglich, nebst - . 16 Gr. – für den dabei zu gebrauchenden Proclamatorem, jedoch mit Ausschluss des baren unumgänglich nötigen Verlags, fordern und erheben, auch in Armen Sachen der Vorschrift der Prozess-Ordnung ad Tit: 1 § 10 et 12 sich gemäß bezeigen.

Überhaupt aber

26.)

soll der Auditeur jede ihm obliegende gerichtliche Angelegenheit möglichermaßen beschleunigen, dabei allenthalben nach seinem besten Wissen und Gewissen verfahren, und durch Rechtschaffenheit ingleichen durch treue, fleißige geschickte Verwaltung seines Amtes, worinne er, so wie bei dem besage General-Ordre vom 16ten Mai 1744 pag. 852 Cidic. Leg. Mil. Saxon gnädigst ihm angewiesenen Range, von dem ihm vorgesetzten Kommandanten geschützet werden wird, dergestalt sich auszeichnen, dass er bei sich ereignender Gelegenheit zur weiteren Beförderung Höchsten Orts empfohlen werden kann.

Endlich

27.)

soll der Auditeur, außer dem Protokoll zu gedruckten Mandaten und Generalien, annoch ein absonderliches Protokoll mit der gegenwärtigen

Instruktion anfangen, dazu sämtliche bisher ergangene auch künftige General-Ordres und Anordnungen, welche vornämlich in seine Dienstleistung einschlagen, nebst den deshalb in einzelnen Fällen für seine Vorfahren oder für ihn selbst zeither erlassenen und künftig etwa ergehende Anweisungen, nach Ordnung der Zeit und mit Allegierung der Akten worinnen die Originalien befindlich sind, abschriftlich bringen, auch solches Protokoll, dem ein richtiges Repertorium vorzusetzen ist, seinem Nachfolger überlassen.

Dresden, den 25ten Octobris 1794

Churf. Sächs. General-Kriegs-Gerichts-Kollegium

Riedesel FrhrzE

———

Reglement
Wie bei der Kön. Poln. und Churfürstl. Sächs. Armee ein Stand Recht gehalten werden soll

§ 1

Das Stand Recht ist ein Judicum summarissimum criminale: es erlaubt am wenigsten die gewöhnlichen Formalitäten des ordinären Inquisitions-Processus, es erfordert aber das Wesentliche desselben: es präsupponieret ein von einem Soldaten vorhero begangenes Verbrechen, welches teils schon nach den Kriegs Articulu capitaliter bestrafet werden soll, teils durch den Befehl des kommandierenden Generals gleiche Qualität erhalten hat, und vor dessen Begehung der Täter durch Publikation des diesfalls gegebenen Gesetzes vorhero gewarnet worden: Der Verbrecher muss entweder sogleich in delicto flagranti ertappt werden, oder dergestalt desselben vollkommen überführt sein, dass es zu dessen dezisiven Verurteilung keine weiteren Spezial Untersuchung bedarf: es muss das Verbrechen nicht veraltet sein, sondern binnen Begehung desselben und der erfolgenden Bestrafung keine längere Zeit als längstens 24 Stunden vergehen: es ist niemals anders gebräuchlich als auf dem wirklichen Marsch, im Felde vor dem nahen Feind oder auch Allenfalls bei Belagerungen: es wird dessen Anordnung durch eine Häufung, vorhero begangener Verbrechen von gleicher Art, besonders durch überhand nehmende Desertiones, Rebellion,

Meuterei, Verräterei und Diebstählen veranlasset: die geschwinde Statuierung eines oder mehrerer Exempels zum allgemeinen Schrecken ist der Endzweck davon.

§ 2

Ein Stand Recht soll bei der Königl. Poln. Churfürstl. Sächs. Armee eben auch aus 14 Gerichts-Personen, von verschiedenen Rang und Charakter, wie bei ordentlichen Kriegs-Rechten gewöhnlich ist, bestehen. Es ist nicht darauf zu sehen, ob es eins oder des andern Offizier Tour treffe: Die Wahl derselben wird entweder der Willkür des Regiments-Kommandanten überlassen oder es werden diejenigen Offiziers in continenti dazu kommandiert, welcher der Major, Auditeur oder Adjutant /: wenn ihnen zumal anbefohlen, die Assessores eiligst zusammen zu bringen :/ am ersten nach einander vom Regiment zu Gesicht bekommen können. Wenn es die Not und Eilfertigkeit erfordert, so können auch diejenigen Offiziers mit dazu kommandiert werden, welche bei der Compagnie actuellement stehen, wozu der Verbrecher gehöret.

§3

Zu gleicher Zeit wird auch die zu Bedeckung der vermutlichen Exekution nötige Mannschaft kommandieret: deren Anzahl ist nach Beschaffenheit der Gelegenheit und der Umstände einzurichten, und wird dasjenige hierher zu applizieren sein, was bei Exekutions im Felde bereits §$^{\underline{pho}}$ 16 Kap.

7 Libr. IV der Königl. Dienst Reglements für die Infanterie vorgeschrieben worden ist.

§ 4

Derjenige Stabs- oder Ober-Offizier /: immaßen nach obigem Dienst Reglement § 15 ejusd. Capit. et Libr. bei einem Stand Rechte auch ein Capitaine über einen Unter-Offizier und Gemeinen das Praesidium führen kann :/ welcher präsidiert, kommandiert die Mannschaft und lässt die Exekution verrichten.

§ 5

Von denen zur Bedeckung der Exekution kommandierten Mannschaften, wird nun zu förderst ein Kreis formieret: in selbigen stellen sich der Präses, Auditeur und die übrigen Gerichts-Personen, nach ihrem Charakter und Range, wie sie bei ordentlichen Kriegs-Rechten zu sitzen pflegen.

§ 6

Der Auditeur eröffnet so dann dem Gericht die Ursache dessen Zusammenberufung: der Präses, Auditeur und die Gerichts-Personen legen hierauf den gewöhnlichen Richter-Eid, unter Vorsprechung des Auditeurs, ab: der Präses ziehet seinen Degen und der Auditeur ruft überlaut: **Wer ist, der Recht begehret?**

§ 7

Auf diese Anfrage nähert sich der Profos mit dem Deliquenten und der dazu gehörigen Wache dem

Kreise: Der Deliquent wird losgeschlossen und der Kreis dergestalt geöffnet, dass der Profos nebst dem Deliquenten ein- und vor das Gericht treten kann.

§ 8

Der Profos, welcher entweder sogleich bei der Arretierung des Missetäters zugegen gewesen, oder von den Umständen des Verbrechens und der Ursache der Arretierung des Deliquenten vorhero sehr genau unterrichtet sein muss, klagt demselben mündlich in das Angesicht wegen der begangenen Verbrechens an: er meldet zugleich, wie und wann der Deliquent in seine Verwahrung gekomen und bittet, dass ein löbliches Stand Recht hierüber ergehen lasse, was Rechens sei: Der Beklagte wird auf mündliches Befragen von dem Auditeur mit seiner Antwort, der Profos mit Verfolg der Klage, da es nötig, Beklagter hingegen mit Entschuldigung und Widerspruch so lange gehöret, bis das Judicium des Facti halber genugsam versichert und die wahre Beschaffenheit der Umstände, und die Nichtigkeit oder Gültigkeit des Beklagtens Entschuldigung, hinlänglich eingesehen. Dem Auditeur bleibt nachgelassen, die angehörten Umstände, sich kürzlich in seine Schreibtafel zu notieren.

§ 9

Wenn dieses geschehen, so lässt der Präses den Profos und Deliquenten wieder aus dem Kreis und zu seiner Wache abtreten: Der Auditeur wiederholt hierauf mündlich des Deliquenten Verbrechen und dessen Umstände, erinnert dabei das Gericht an die in den Articuls oder vorhergegangenen Ordres, auf solches Verbrechen gesetzte Strafe, appliziert hierbei jus ad factum und ermahnet die Gerichts-Personen zu Vergleichung gemeinschaftlicher Votorum wegen des Spruchs.

§ 10

Nunmehr lässt der Präses den Kreis wiederum links und rechts öffnen: Die kommandierten Mannschaften ziehen sich in gerade Linie und formieren die Fronte gegen den Praesidem und die Gerichts-Personen: Dieselben gehen klassenweise zu deliberieren, eine kleine Distanz davon: Während dieser Separation bringet der Präses seinen Degen wieder in die Scheide: Die Gerichts-Personen gehen, nachdem sie sich eines legalen Voti halber verglichen, hin zu dem Praeside und Auditeur und eröffnen von unten auf Charakterweise ihnen ihre Vota: Der Auditeur notiert solche in seine Schreibe Tafel: Der Präses und Auditeur fügen ihre Votum decisivum hinzu: Sie beide kalkulieren die Vota und bestimmen die Strafe Secundum plurima oder unanimia.

§ 11

Der Präses berufet so dann alle Mitglieder zusammen, lässt den vorigen Kreis wiederum formieren: er selbst nebst den übrigen Gerichts-Personen, außer dem Auditeur, ziehen ihre Degen: der Deliquent wird von dem Profos wiederum in den Kreis gebracht: Der Präses kündiget dem

Deliquenten sein Urteil und Strafe mündlich mit folgenden Worten an:

> Auf sattsame Erkundigung deines Verbrechens, v.g. der Desertion pp., dein eigens Geständnis oder hinlängliche Überführung /: nach Beschaffenheit der Umstände :/ wirst du N.N. vom N.N. Regiment hiermit durch gegenwärtiges Stand Recht von Rechts wegen zum Strange /: Arquebusieren :/ verurteilt, welche Strafe sogleich an dir vollzogen werden soll.

Hierauf bricht der Auditeur ein von dem Profos ihm gereichtes Stäblein und wirft es dem Deliquenten vor die Füße.

§ 12

Der Kreis wird hierauf wieder geöffnet, der Deliquent mit dem Profos und seiner Wache hinter die formierte Linie gestellet und ihm daselbst ein Priester zur kürzlichen Präparation, auch wo möglich zur Beicht und Kommunion zugegeben.

§ 13

Der Präses und die Assessores bringen ihren Degen in die Scheide: ersterer sendet einen Capitaine oder Leutnant benebst dem Auditeur zu dem Regiments-Kommandanten mit Rapport, wie das Urteil ausgefallen: ein gleiches geschieht an den kommandierenden General, wenn solcher immediate das Standrecht angeordnet und in der Nähe befindlich ist.

§ 14

Wenn nun die mündliche Resolution hierauf zur Konfirmation des Spruchs eingegangen ist, so dimmittiert der Präses die Gerichts-Personen hin wiederum: er setzt sich vor die zur Bedeckung der Exekution kommandierte Mannschaft, führet solche mit dem Deliquenten unter Begleitung des Geistlichen, den Auditeur an seiner Seite bei sich habend, geraden Weges nach dem zur Exekution bestimmten Platz und lässt solchen daselbst, ohne vorhergehende anderweitige Publikation des Urteils, in contimenti an den Deliquenten vollstrecken. Ist das Regiment wirklich im Marsch begriffen und der Körper sollte vor Sonnenuntergang nicht können begraben werden, wie bei Deserteurs geschiehet, so wird, ohne Ausstellung einer Wache dazu, nur das Delictum des Exekutierten auf einen Zettel geschrieben und dem Gehängten auf die Brust gehaftet.

§ 15

Aus denen in §^{pho} 1mo angeführten Ursachen wird der Spruch eines Stand Rechts nicht leicht zu mitigieren, sondern meistenteils zu konfirmieren und zur Exekution zu bringen sein. Es sollen dahero vor Anordnung eines Stand Rechts die in dem 1sten §^{pho} vorgeschriebenen Requisita sehr wohl erwogen und mit dem vorhandenen Casu gegen einander gehalten werden.

§ 16

Dem kommandierenden General bleibt nachgelassen, dem ein detachiertes Korps kommandierenden Offizier, oder auch dem Regimentskommandanten selbst, nach Erfordern der Umstände, die Anordnung der Stand Rechte und die Konfirmation des Spruchs zu übertragen, weil die Haupt-Absicht des Stand Rechts in Administration prompter Justiz bestehet.

§ 17

Dasjenige, was §^{pho} 15 Kap. 7 Libr. IV des Dienst-Reglements, wegen Vorbitte des Fähndrichs nachgelassen, wird zwar hierdurch nicht aufgehoben, es ist aber dabei aus vorhin abgeführten Ursachen sehr behutsam damit zu verfahren, damit der Endzweck des Stand Rechts nicht verfehlet und das einreißende Übel nicht mehr vergrößert als gehemmet werde.

Die Applikation dieses Satzes auf die vorkommenden Fälle dependieret von der Einsicht, Gerechtigkeits-Liebe des Kommandaten und dem zu erfordernden rechtlichen kürzlichen und mündlichen Gutachten des Auditeurs.

§ 18

Sollte ja eine Mitigation erfolgen, so wird solche in eben der Form, jedoch mit Aufführung der durch das Stand Recht zuerkannten Strafen, wie §^{pho} 11 vorgeschrieben, dem Deliquenten bekannt gemacht, nur fällt so dann die Brechung des

Stäbleins weg, und die mitigierte Strafe ist sobald als möglich an dem Deliquenten zu vollstrecken.

Gleich wie nun Ihro Königl. Majestät in Polen und Churfürstl. Durchl. zu Sachsen, unser allergnädigster Herr, vorherstehendes Reglement in allen Punkten allergnädigst zu approbieren, durch allerhöchste eigene Unterschrift zu konfirmieren, und zugleich anzubefehlen geruhet, dass nach Vorschrift desselben künftig bei den Stand Rechten in Allehöchst **Deroselben** Armee und Truppen prozediert werden soll.

Als wird sich jedermann und besonders die Auditeurs aufs genaueste danach zu richten und diese Allerhöchste Königl. Willensmeinung gebührend zu vollbringen, obliegender alleruntertänigster Schuldigkeit gemäß, angelegen sein lassen, zu welchem Ende dieses Reglement behörig publiziert werden soll.

Warschau, den 19. April 1758

L.S. Gr. v.Brühl

Johann Christian Götze

Wegen der Diebstähle unter Kameraden

Es sind die Diebstähle unter Kameraden in den militär. Gesetzen dergestalt hart verpönt, dass sie im Felde nach der General-Ordre vom 16ten Januar 1734 schlechterdings Lebens-Strafe nach sich ziehen, außer der Campagne aber nach Inhalt des Dienst-Reglements Lib. 1 Kap. IV § 7 ohne Unterschied, ob der Diebstahl groß oder klein, und ob er ersetzt sei oder nicht, Kriegs-Recht, Leib- oder Lebens-Strafen verdienen, daher dann auch, dass diese gesetzliche Vorschriften denen Rekruten bei ihrer Verpflichtung genau eingeschärft, auch sonst allmonatlich bei Verlesung der Kriegs Articul wiederholet werden, in der Chur Sächsischen Armee eingeführet ist:

Nachdem aber S^{e} Churfürstl. Durchlaucht zu Sachsen zu Dero General-Kriegs-Gerichts-Kollegio Wir verordete Präsident und Räte, dass dergleichen Diebstähle unter den Kameraden sich zeither in der Armee sehr häufig ereignen, wahrgenommen, gleichwohl diese qualifizierte Verbrechen entweder gar nicht, oder doch nicht den kriminal Gesetzen gemäß untersucht worden;

Als finden Wir hierunter Vorsehung zu treffen und den Herrn Obristen von Minckwitz zu genauer Sorgfalt, damit eines Teils die Einschärfung der obangezogenen General-Ordre und des Dienst-Reglements in diesem Punkte weder bei der Verpflichtung der Rekruten noch auch bei der Vorlesung der Kriegs Articul unterlassen, andern Teils aber der Auditeur, zu Vermeidung der außerdem von Uns zu erwarten habenden Interlocute und daraus entstehende Verzögerung der Untersuchungs-Sachen, die Inculpate bei Verrechnungen über dergleichen Verbrechen, ob solches wirklich erfolgt sei, und in den Akten anmerken, überhaupt aber auch den Bestohlenen des erlittenen Diebstahls, es sei solcher restituiert oder nicht, nebst dessen wahren Werte eidlich bestärken lassen möge, hiermit in Ordre anzuweisen der Notdurft.

Dresden, den 22ten Novbr: 1790

Churf. Sächs. General-Kriegs-Gerichts-Kollegium

Riedesel FrhrzE

An
den Herrn Obristen
von Minckwitz

Ernst August Carl Hävecker

———

Dienstreglement der Infanterie

Libr. IV / VII. Capitul Von der Handhabung und Exekution der Justiz

§ 1

Die Justiz bei denen Regimentern verwaltet der Obriste durch den Auditeur, gleich wie der General-Feld-Marschall, oder der an seiner statt kommandierende Genral bei der Armee durch das General-Kriegs-Gericht. Bei diesem werden alle Verhöre und Kriegs-Rechte in des General-Auditeurs Quartier, bei einem Regiments-Gerichte aber nur diejenigen Verhöre, bei welchen kein Stabs-Offizier assidieret, in des Auditeurs Quartier, die Kriegs-Rechte aber allemal in des Praesidis Quartier gehalten.

Der Prozess sowohl in causis civilibus, als criminalibus, wird durch den Auditeur, nach Vorschrift der Chur-Fürstl. Sächs. Prozess-Ordnung und Kriminal-Rechte, und nach Anweisung der von dem General-Kriegs-Gerichte erhaltenen Instruktion dirigieret: Jedoch formiert der Auditeur, ohne Vorbewusst und Befehl des Obristen oder Regiments-Kommandanten, über Niemanden weder Verhör noch Prozess.

§ 2

Die Jurisdiktion derer Regiments-Gerichte gehet nur bis an, und inklusive den Capitaine. Die sämtlichen Stabs-Offiziers bei den Feld-Regimentern, Artillerie, Kreis-Truppen &c. exklusive derer Korps, welche unter unmittelbaren Kommando

Ihro Königl. Majestät stehen, haben sowohl in causis civilibus, als criminalibus ihr Forum vor dem General-Kriegs-Gerichte, und können nur vor diesem in rechtlichen Anspruch genommen werden: Jedoch kann ein delinquirender Stabs-Offizier in Fällen, wo periculum in mora vorhanden, auch von dem Regiments-Kommandanten arretieret, von selbigem auch die erste Nachricht der Ursache seiner Arretierung, in Gegenwart des Obristen oder Kommandanten, durch den Auditeur per modum Registraturare eingezogen werden welcher so dann nebst Rapport ohne Verzug zur höheren Instanz und an den kommandierenden General-Feld-Marschall oder General en Chef eingeschickt wird, damit dieser das fernere Verfahren in der Sache durch das General-Kriegs-Gericht veranstalten könne. Desgleiche, wenn ganze Kompanien delinquiren, item, in Crimine laesae Majestatis, Perduellionis &c. bleibet die Untersuchung denen General-Kriegs-Gerichten, wie ehedem heimgestellt.

§ 3

Bei Verhören über Unter-Offiziers und Gemeine, assidiret ein Offizier und Unter-Offizier: Bei Verhören über einen Ober-Offizier aber sitzen 2 Offiziers, davon wenigstens einer entweder einen höheren Grad haben, oder im Dienst älter, als der Offizier, welcher vernommen wird, sein soll. Die Offiziers erscheinen bei Verhören und Kriegs-Rechten in ihren Feld-Binden ohne Stock, melden sich vor und nach demselben bei dem Obristen und übrigen Stabs-Offiziers. Der Auditeur aber stattet von dem gehaltenen Verhör an Niemanden Rapport, als an den Obristen oder den an dessen statt bei den bei dem Regimente kommandierenden Stabs-Offizier.

§ 4

Der Arrestant wird durch 1 Gefreiten und 4 Mann, in Begleitung des Profos und Stecken-Knechts (wenn er nämlich geschlossen ist) zum Verhör gebracht.

Ein arretierter Offizier wird, wenn sein Prozess nicht criminel ist, niemals geschlossen, sondern durch den Adjutanten, in Begleitung eines Unter-Offiziers von der Wacht, ins Verhör gebracht und bei dem Verhör ihm erlaubt, sich niederzusetzen. Das Seiten-Gewehr derer arretierten Unter-Offiziers und Gemeinen ist bei dem Adjutanten, die Degen derer Offiziers bei denen Fahnen oder dem Kommandanten.

§ 5

Alle zur Administration der Justiz gehörige Materialien nebst barem Verlag, welche in delictis communibus, bei Untersuchungen über Unter-Offiziers und Gemeine, durch Einholung derer Informate, Vollstreckung der Tortur oder Exekution, oder sonst erforderlich, fourniret der Obriste im Lande von denen Regiments-Unkosten, im Felde von denen Kopf-Geldern.

Alle Verhöre und Inquisitiones über Unter-Offiziers und Gemeine verrichtet der Auditeur ex officio, wie auch die Untersuchungen, welche in causis mére militaribus, oder in Fällen, die den Kriegs-Dienst des Herrn concerniren über Ober-Offiziers angestellet werden.

Wird aber ein Offizier wegen Malversation, Verkürzung derer Untergebenen an ihrem Solde, item, wegen Schulden, Injurien oder anderen gemeinen Verbrechen, in Anspruch genommen; So bezahlet der Offizier die aufgelaufenen Gerichts- und andere Unkosten, nach deren vorgängigen Tax-mäßigen Liquidation und von dem General-Kriegs-Gericht erfolgten Moderation.

§ 6

Wenn ein Offizier auf wenig Tage arretiert wird, hält er seinen Arrest bei dem Adjutanten; Sollte aber dessen Vergehen einen längeren Arrest erfordern, hält der Offizier denselben auf der Haupt- oder Stabs-Wacht. Ebenermaßen hält ein Capitaine einen kurzen Arrest bei dem Adjutanten. Erforderte aber dessen Untersuchung einen längeren Arrest; So wird ihm bei dem Stab eine Wacht von 1 Unter-Offizier und 2 bis 4 Gemeinen in seinem Quartier gegeben. Ist aber der Prozess criminel; So wird derselbe auf die Haupt- oder Stabs-Wacht gebracht, und bezahlet der Offizier, ausgenommen in Schuld-Sachen, die Wache nicht, welche ihm in seinem Quartier gesetzt wird. Auf dem Marsch müssen die arretierten Offiziers mit der Fahnen-Wacht marschieren.

§ 7

Kein Subaltern-Offizier soll, ohne Vorwissen und Einwilligung seines Kommandanten, Wechsel ausstellen. Wenn er außerdem kleine Schulden macht, soll er solche von seinem Vermögen bezahlen oder in dessen Ermangelung ihm das dritte Teil von seinem Tractament, zu Bezahlung derer Schulden, inne behalten werden. Macht er aber viele Schulden, die sich über 100 Taler belaufen, soll mit ihm nach ergangener General-Ordre, die Schulden derer Offiziers betreffend, verfahren, derselbe nach einer dreimonatlichen Frist, wenn er binnen selbiger mit seinen Creditoribus kein Abkommen trifft, an seine Creditores extradiret, und mit einem Abschiede versehen werden; Hat er aber nach obiger Vorschrift einen Wechsel von sich gestellt, soll er solchen zur Verfall-Zeit, im Fall er von seinem Creditore keine Nachsicht und Prolongation erhalten, nach Wechsel-Recht bezahlen, und dazu vermittels Arrest angehalten, auch so dann nach obiger General-Ordre mit ihm verfahren werden.

Wenn ein Capitaine Wechsel-Schulden machet, soll wieder ihn, sobald er den Wechsel recognosciret, und selbigen nicht bezahlen kann, nach Wechsel-Recht mit Arrest verfahren werden; Und, wenn er binnen 3 Monaten nicht bezahlet, soll er seine Compagnie verlustig gehen, mit einem Abschied versehen, und an seine Creditores ausgeantwortet werden.

Gegen Stabs-Offiziere und Generals-Personen, wird nach Maßgebung mehr angezogener General-Ordre, die Schulden derer Offiziers betreffend, unnachbleibend, und ohne Ansehen ihrer Person, Geburt und Caractéres verfahren.

Wenn ein Unter-Offizier oder Gemeiner Schulden machet, soll er zu deren Bezahlung aus seinem propren Vermögen angehalten werden; daferne er aber, außer seiner Löhnung, kein eigenes Vermögen hätte, soll und kann ihm zwar von seiner Löhnung nichts abgezogen werden; Er soll aber wegen seiner Leichtsinnigkeit, Schulden zu machen, die er nicht bezahlen kann, wegen des hierunter intendirten Betrugs seines Gläubigers, respective mit Degradation, oder auch Leibes-Strafe angesehen werden.

§ 8

Über leichte Verbrechen eines Unter-Offiziers und Gemeinen, erkennt der Obriste oder Regiments-Kommandant, mit Zuziehung des Auditeurs, ohne weitläufigen Prozess und Besetzung eines Kriegs-Rechts; Über schwere und große Verbrechen aber anders nicht, als vermittels Besetzung eines Kriegs-Rechts, und vollstreckt an denen Verbrechern, nach Inhalt der Confirmation des Urteils, die determinirten Strafen, ohne solche zu erhöhen, oder zu vermindern.

Den Prozess über einen Offizier, vom Capitaine bis zum Fähndrich inclusive, stellet der Obrist vor seinem unterhabenden Regiments-Gerichte summarisch an; So dann erstattet er mit Einsendung derer Akten seinen Rapport, und erwartet, nach des kommandierenden General-Feld-Marschalls ausgefallenen Resolution; Ordre, ob mit der Special-Inquisition und Kriegs-Recht, wieder den beklagten Offizier verfahren werden soll.

In gemeinen Verbrechen sollen bei vorkommenden zweifelhaften Fällen, aus denen Dicasteriis derer Kur-Sächsischen Lande, Informate eingeholt und, worinnen dem Militair-Richter, von selbigen abzugehen, nicht erlaubt ist, in deren Conformité in einem besetzten Kriegs-Rechte erkannt, und in diesen und allen andern Fällen die Kriegs-Rechte zur Confirmation eingesendet, ohne selbige aber weder Tortur noch Strafe an einem Verbrecher vollstreckt werden.

§ 9

Ein Soldat wird wegen eines vor seinem Engagement verübten Verbrechens; es sei groß oder klein, auf jedesmaliges Verlangen seiner vormaligen Obrigkeit, vor selbige zum Verhör und Untersuchung durch einen Unter-Offizier sistiret, in schweren Verbrechen auch zu Facilitirung der Inquisition, zumal, wo noch andere Delinquenten vom Civil-Stande impliciret sind, an die Civil-Obrigkeit, vor welche der Prozess anhängig, extradiert, jedoch gegen Revers, dass selbige auch nach Austrag der Sache, und daferne nichts peinliches wieder den Inquisiten Militair-Standes erkannt, und vollstreckt werden sollte, ihn wieder zurück liefern wolle.

Wenn in Sachen, die Unter-Offiziers und Gemeine betreffend, sowohl in Criminalibus als Civilibus, mit einer Civil-Obrigkeit, oder von dieser mit der Militair-Obrigkeit communiciret werden muss; So sollen beide einander mit der erforderlichen Expedition, nach Vorschrift der neuen Kriegs-Ordonnanz, gratis und ohne Entgelt, auch ohne die geringste Verzögerung assistiren, und keinem Teile von dem andern mehr nicht, als der bare Verlag bonificiret werden.

§ 10

Alle Soldaten-Weiber, deren Kinder, wie auch alle Offiziers-Bediente, Knechte, deren Weiber und Kinder, welche sich bei ihren Männern aufhalten, stehen unter des Regiments Jurisdiction; Die übrigen, so sich respective bei ihren Männern und Eltern nicht aufhalten, oder bei vorfallenden Märschen im Lande zurückbleiben, stehen unter der Gerichtsbarkeit der Obrigkeit des Ortes, wo sie sich aufhalten, nach Maßgebung der neuen ins Land publicirten Ordonnanz.

Der Auditeur ist schuldig, denen Soldaten-Weibern und Kindern, wie auch denen Offiziers-Bedienten, deren Weibern und Kindern, die Untersuchungen ex officio zu führen.

Wo in Untersuchungs-Fällen wieder Soldaten-Weiber und Kinder barer Verlag erfordert wird, bezahlen sie solche aus ihrem eigenen Vermögen, und ist der Regiments-Kommandant nur in subsidium gehalten, solchen von denen Regiments-Kosten zu fourniren, und zu übertragen. Den baren Verlag in Untersuchungen über Offiziers-Knechte, deren Weiber und Kinder, fourniren ihre Dienst-Herren, und erholen sich diesfalls an ersterer Vermögen, insoweit solches zureicht.

§ 11

Einem gemeinen Mann, der im Arrest ist, gebührt täglich nicht mehr als 1 Groschen zu seiner Verpflegung; Wenn er wieder aus dem Arrest kommt, soll ihm seine völlige Löhnung berechnet, und vor dem Profos, wenn er geschlossen gewesen ist, 8 Groschen, sonst aber nur 4 Groschen abgezogen werden. Der Überschuss der Löhnung in Fällen, wo die Deliquenten am Leben gestrafet werden, wird deren Weibern und Kindern berechnet, und ausgeantwortet. Die Offiziers-Bedienten und Knechte haben eine gleiche Gebührnis dem Profos zu bezahlen.

Das Carrel-Geld vor die Deserteurs, und alle dahin einschlagende Unkosten bezahlen die Capitaines.

Allen übrigen baren Verlag zu Vollführung der Inquisition, sie betreffe ein Soldaten- oder Gemeines Verbrechen, wie auch zu Vollstreckung derer Executionen, bezahlet der Obriste von denen Regiments-Kosten und Kopf-Geldern.

Die Offiziers, so auf der Haupt-Wacht in Arrest gewesen, sollen an den Profos 1 Taler entrichten; Die Capitaines, so die Wacht gehabt, zahlen an selbigen 2 Taler, die Unter-Offiziers 8 Groschen. Der Adjutant soll von denen in Arrest gewesenen Offiziers, seiner gehabten Bemühung wegen, sein gewöhnliches Douceur genießen.

§ 12

Wieder alle und jede Deserteurs, sie sein Ober- oder Unter-Offiziers und Gemeine, wird der Edictal-Process, mit Vorwissen und auf Befehl des kommandierenden General-Feld-Marschalls, formiret, dergestalt, dass dieselben im Stabs-Quartier zu Dreimalen von 14 Tagen zu 14 Tagen, in Person zu erscheinen, citiret, und die Citationes an dreien diversen Orten, vor des Obristen Quartier und an denen Haupt-Straßen des Stabs-Quartiers, unter einem Kommando von 1 Subaltern, 2 Unter-Offiziers, 1 Tambour und 24 Gemeinen, durch den Fourier laut und deutlich abgelesen werden; wobei in Ansehung derer Ober-Offiziers nur dieser Unterschied zu machen, dass vor erfolgender Edictal-Citation, durch den Auditeur an deren Anverwandte Nachricht gegeben werde, unter dem Anfügen, dass, woferne sie von des Offiziers Aufenthalt Wissenschaft hätten, sie demselben von dem bevorstehenden Edictal-Process ungesäumte Nachricht geben, und denselben, bei Vermeidung der bei seinem Ausbleiben ihm bevorstehenden Beschimpfung, zur Rückkehr anermahnen möchten. Das Kommando marschiert mit geschultertem Gewehr, der Tambour mit überhängtem Spiel vor dem Offizier; Vor dem Tambour gehet der Fourier;

Vor des Obristen Quartier und denen öffentlichen Plätzen, wird ein Kreis geschlossen, und das Gewehr präsentiert, wenn die Citation verlesen wird; Der Tambour schlägt mitten im Kreis.

§ 13

Zu einem Kriegs-Rechte werden 7 oder wenigstens 5 Stimmen erfordert. Der Praeses und Auditeur haben Votum conclusivum, und confirmiren sich insgemein nach denen mehrsten Stimmen; Jedoch werden die Urteil secundum votorum pluralitatem abgefasst. Die Assessores, 2 und 2 haben eine Stimme. Bei denen Regimentern soll ordentlicher Weise der Obrist-Leutnant die Kriegs-Rechte so, wie die Majors die Executiones, verrichten. Das ganze Kriegs-Recht meldet sich bei dem Obristen; Die Offiziers erscheinen in völliger Montierung mit Feld-Binden, Unter-Offiziers und Gemeine mit völligem Lederwerk; Jeder Assessor muss sein Petschaft bei sich führen; Die Gemeinen müssen lesen und schreiben können.

Wenn über einen Subaltern-Offizier Kriegs-Recht gehalten wird, kann kein Gemeiner in das Kriegs-Recht commandiret werden. Die Kriegs-Rechte über Captaines gehen nur bis auf die Sergeanten inclusive; Überhaupt muss, zu Besetzung derer Kriegs-Rechte über Stabs- und höhere Offiziers, der Praeses allemal von einem höheren Caractére sein, als der, über welchen gesprochen werden soll.

Der Inquisite wird, vor abgelegtem Richter-Eid, ungeschlossen vor das Kriegs-Recht gestellt. Dieser letzte Umstand wird auch bei Vernehmungen, in specie auf Inquisitional-Articuls, observiret. Er kann die Assessores, wieder die er was erhebliches einzuwenden hat, recusiren. Wenn er wieder keinen der Assessorum etwas hinlängliches zu dessen Removirung vom Kriegs-Rechte zu erinnern hat, wird der Kriegs-Rechts-Consessus durch den Auditeur, in Gegenwart des Inquisitens, mit dem gewöhnlichen Richter-Eide belegt und verpflichtet.

Kein Capitaine noch Subaltern-Offizier kann in dem Kriegs-Rechte sitzen, in welchem über jemanden von der Compagnie, dazu sie gehören, gesprochen wird.

Alle Kriegs-Rechts-Sprüche haben bloß auf das Recht, und nicht auf die Gnade zu sehen.

In Verbrechen, die lediglich das Militare betreffen, wird keine Defension verstattet.

Alle Kriegs-Rechte werden in continenti zur Confirmation eingesendet, immittels aber der Kriegs-Rechts-Consessus, imposito silentio, dimmittiret.

§ 14

Sobald ein confirmirtes Kriegs-Recht zurück kommt, wird es dem Verurteilten von dem Auditeur, in Gegenwart des Praesidis und ein paar Assessorum des Kriegs-Rechts-Consessus, insoweit solches dem Deliquenten zu wissen nötig, publiciret, vorhero aber demselben nichts davon bekannt gemacht, und, wenn den Verurteilten das Leben abgesprochen, ihm längstens 3 Tage Zeit gegeben, um durch Geistliche von seiner Religion, zum Tode praepariret zu werden. Von diesem Moment an, wird der Verurteilte auf des Obristen Unkosten mit Speis und Trank versehen, und ist Niemanden, ohne Vorwissen und Permission des Regiments-Kommandanten, als dem Geistlichen erlaubt, den Deliquenten zu sehen, und zu sprechen.

§ 15

Die Execution eines confirmirten und publicirten Kriegs-Rechts kann durch keine Appellation, noch Protestation suspendiret werden, immaßen es als ein unmittelbarer Königlicher Befehl oder Ordre dessen, der das Kriegs-Recht confimiret hat, anzusehen ist.

Die Stand-Rechte werden nur im Felde gehalten, und sollen die Formalitäten dazu, von dem General-Auditeur nach der im Dienst eingeführten Gewohnheit bestimmt, und die Auditeurs von selbigen, was sie hierbei zu beobachten, instruiret werden. Es kann darinnen über einen Unter-Offizier oder Gemeinen, auch ein Capitaine praesidiren. Wenn der General der Armee, oder der das Kriegs-Recht confirmiret, und Gnade erteilen kann, in der Nähe ist, kann denen Fähndrichs erlaubt werden, vor die Verbrecher zu bitten.

§ 16

Zu einer Execution wird ordentlicher Weise 1 Major, 2 Capitaines, 6 bis 7 Subaltern-Offiziers, 21 Unter-Offiziers, 6 Tambours und 200 Mann commandiret. Zu einer großen Execution soll ein ganzes Regiment genommen werden. Im Felde soll, wenn es befohlen wird, von jedem Regiment Infanterie das Piquet zu einer Execution marschieren, der Major von dem Regiment des Verbrechers aber allemal die Execution kommandieren. Die Execution wird in 8 Züge eingeteilt; Das Kommando steht 3 Mann hoch; Der 1ste Captaine führt den 1sten Zug, der 2te schließt hinten, der folgende Offizier führt den 5ten Zug, die übrigen den 3ten, den 7ten, den 2ten, den 8ten, den 4ten und der jüngste den 6ten. Wenn nur 8 Offiziers überhaupt sind, führet so dann den 4ten Zug ein Unter-Offizier. Die Unter-Offiziers werden 9 ins 1ste Glied, 4 auf die Flügel ins 2te und 3te Glied und 8 zum Schließen hinter jeden Zug gesetzt; Auf jeden Flügel kommen 2, und in der Mitten auch 2 Tambours. Die Einteilung der Pfeiffer richtet sich nach der Beschreibung im IIten Buche. Das Kommando versammelt sich vor des Obristen Quartier; Der Major empfängt die Ordre zu Execution, formiert das Bataillon, lässt das Bataillon ajustiren, marschiert stille mit geschultertem Gewehr bei der Justiz auf; Allda lässt er, wie beim Exezieren angewiesen, wenn die Execution nur aus 200 Mann besteht, und der Kreis also zu klein werden würde, aus 3 Gliedern 2 machen und den Kreis formieren.. Der arme Sünder wird durch den Adjutanten, 1 Offizier, 2 Unter-Offiziers und 18 Grenadiers in den Kreis gebracht; Von welchen Kommando das 2te Glied sich in die Flanquen rechts und links einschwenkt, und um denselben ein kleines Quarré formiert, so, dass vorne der Offizier, 1 Unter-Offizier, 6 Mann und auf beiden Seiten 3 Mann, welche hinter denen beiden Flügel Leuten des 1sten Gliedes marschieren; Und 6 Mann nebst 1 Unter-Offizier, oder das 3te Glied marschieren zuletzt, und schließen dieses kleine Quarré. Dieses Kommando hat ebenfalls das Bajonett ajustiret; Der Profos, Stecken-Knecht, und die Geistlichen begleiten ihn aus dem Gefängnis, nach der eingeführten Gewohnheit, bis an den Ort der Justiz; Das Kommando bleibt in der Öffnung des Kreises mit geschultertem Gewehr stehen, und formiert sich in 3 Glieder. Bei Verlesung der Sentenz wird das Gewehr praesentiret, wenn aber das Urteil verlesen ist, geschultert. Wenn die Execution vorbei ist, wird der Kreis geöffnet, aus 2 Gliedern 3 gemacht; Die Tambours versammeln sich unter währender Öffnung des Kreises und Herstellung des 3ten Gliedes auf dem rechten Flügel; En Marche sind selbige sämtlich vor dem 1sten Zuge hinter dem Capitaine; Das Kommando derer Grenadiers, so den armen Sünder in den Kreis gebracht, marschiert à la téte, wie ordinaire. Wenn keine Grenadiers zugegen, wird der 8te Zug zu Abholung des armen Sünders detachiret, welcher sich hernachmals wieder aufschließt. Das Gewehr wird hoch in rechten Arm genommen, mit Troup-Schlagen ab- und vor des Obristen Quartier wieder aufmarschiert, das Gewehr praesentiret, das Bajonett abgezogen und geschultert, und mit Rechtsumkehrt abgedankt.

Wenn die Justiz außer der Stadt ist, wird Abends vor der Execution 1 Gefreiter und 4 Mann kommandiert, auf den Richt-Platz Acht zu haben. Es wird in der Nähe eine Post gestellt, die bis zur Execution Niemanden dem Gerichte sich nähern lässt, und hauptsächlich dem Nachrichter und seinen Gehilfen Schutz verschafft. Wenn die Execution in der Stadt vollbracht ist, wird bis zur Abnehmung des armen Sünders, eine Schild-Wacht zu der Justiz gestellt, die den Pöbel abwehren muss.

§ 17

Mit denen Executionen, die in Effigie geschehen, oder bei welchen Namen an den Galgen affigiret werden, wird ebenfalls obgedachte Mannschaft dazu kommandiert, desgleichen, wenn Offiziers-Bediente, Knechte, Soldaten-Weiber oder Kinder, vom Leben zum Tode gebracht, zur Staupe geschlagen, oder des Landes verwiesen werden. Die Execution des Staupen-Schlagens geschieht 3mal um die Militair-Justiz, und so dann weiter fort. In dem letzten Fall wird der Kreis geöffnet, sobald der Büttel den Missetäter ergriffen und gebunden hat.

§ 18

Wenn eine Militair-Person arquebusiret werden soll, ist ihr zu erlauben, sich jemanden auszulesen, der ihr die Augen verbinden will: Zum Feuern werden 6 alte versuchte Leute kommandiert; Der Major lässt 3 Mann auf einmal 6 Schritte feuern; Wenn die ersten gefeuert haben, müssen die andern parat sein, dem Deliquenten, wenn er noch nicht tot ist, die Flinte auf die Brust zu setzen. Die Leiche wird sofort in dem, auf dem Platz befindlichen Sarg gelegt, und, wie es das Urteil oder Befehl mit sich bringt, beerdigt.

Wenn der Deliquent nur die Todesangst ausstehen soll, kann der Major zwar fertig machen, aber nicht anschlagen lassen. Wenn ein Deliquent unter dem Galgen pardonniret wird, muss nicht eher Pardon gerufen werden, bis ihn die Geistlichen eingesegnet haben. Der Pardon wird so dann dem Verurteilten zugerufen, vorgelesen, und, wenn es nötig, durch einem Feldscher dem Deliquenten die Ader geöffnet.

§ 19

Ein jeder Major hat Befehl, einen Verurteilten vom Leben zum Tode bringen zu lassen; Er muss sich also von keinen unversehenen Zufall, Gnade-Rufen des Volks, keinen Auflauf etc. hindern lassen, das Urteil nach dem buchstäblichen Inhalt zu vollziehen; Es wäre denn, dass sich, auf eine fast nicht zu vermutete Art, ganz offenbare Indicia von der Unschuld des Verurteilten zu Tage legten;

Auf welchen einigen Fall, der Execution Anstand gegeben, von der Stelle aus aber an den Regiments-Kommandanten durch den Auditeur Rapport mündlich erstattet wird.

§ 20

Wenn ein Soldat Spieß-Ruten laufen soll, wird ordentlicher Weise das Kommando, wie bei einer Execution gegeben, auf gleiche Art rangiert, versammelt, auf- und abgeführt, nur das die Bajonetts nicht ajustiret werden, und die Sentenz in des Auditeurs Quartier, als an dem gewöhnlichen Gerichts-Orte, durch den Auditeur, in Beisein 2er Offiziers, vor der Execution publiciret ist.

Wenn das Executions-Kommando auf dem Platz, wo dieselbe gehalten werden soll, aufmarschiert, und 2 Glieder formiert werden sollen, müssen beim Aufmarsch die Glieder, wie im IIten Buch angewiesen, um den andern Mann sich öffnen, dass daselbst das 3te Glied einrücken kann; Weswegen der Major vom rechten nach dem linken Flügel, nach advenant, dass die Züge aufmarschieren, herunter reiten, und observiren muss, dass solches geschieht; Der Adjutant verrichtet solches hinter der Front. Die Offiziers, so die Züge führen, müssen zu dem Ende noch halb so viel Distance mehr, als sonst, zwischen denen Zügen beobachten. Wenn aufmarschiert ist, und alles formiert steht, kommandiert der Major:

Habt acht!

Präsentiert das Gewehr!

Schultert das Gewehr!

Aus Drei Gliedern macht Zwei!

Bei diesem Kommando nehmen die Offiziers das Esponton hoch:

Marsch!

Bei dem Wort Marsch! tritt das 3te Glied, wie angewiesen ein; Die Offiziers vom rechten Flügel, ingleichen die Tambours machen Rechtsum, die vom linken Flügel Linksum, und marschieren dergestalt nach beiden Flügeln, dass, wenn die Leute vom 3ten Glied in das 1ste und 2te eingetreten, solche von Ihnen geschlossen werden können; Das 3te Glied muss hurtig eintreten, aber das Gewehr wohl tragen; Der Major kommandiert

Das 1ste Glied rechtsum kehrt euch!

Das Gewehr beim Fuß!

Das Gewehr in linken Arm!

Der Stecken-Knecht geht als dann durch die Gasse, die Ruten auszuteilen; Mittlerweile muss der Arrestant durch einen Korporal, den Profos und 4 Mann mit aufgeschlossenem Bajonett, auf den rechten Flügel gebracht, losgeschlossen und zurecht gemacht werden; Wenn der Steckenknecht an das andere Ende der Gasse kommt, lockt einer von den daselbst befindlichen Tambours, zum Zeichen, dass die Ruten ausgeteilt sind; Auf dem rechten Flügel wird darauf der Arrestant in die

Gasse eingelassen, und die Tambours schlagen. Der Major galoppiert vor die Front, wie der Adjutant hinter derselben, und geben Acht, dass die Leute recht zuhauen. Wenn der Arrestant zu geschwinde läuft, soll 1 Unter-Offizier mit verkehrtem Kurz-Gewehr vor ihm hergehen. Wenn er gelaufen hat, kommandiert der Major

Ruten weg!

Das Gewehr beim Fuß!

Schultert das Gewehr!

Mit denen 2 letzten Tempos nehmen die Offiziers das Esponton wieder hoch.

Das 1ste Glied rechts herstellt euch!

Rechtum kehrt und herstellt euer 3tes Glied!

Das 3te Glied macht Rechtsum kehr.

Marsch!

Das 3te Glied tritt hurtig an, und auf die Linie des 3ten Gliedes; Zugleich treten die Offiziers wieder vor, gehen auf ihren Posten, und nehmen als dann die Espontons beim Fuß; Auf

Front!

herstellt das 3te Glied sich wieder, und nimmt hurtig seine Vorder-Leute:

Richtet euch!

Schließen sich die Reihen seitwärts wieder nach dem rechten Flügel in gehöriger Distance, und behalten dabei die Front auswärts. Wenn der

Arrestant wieder auf die Wacht gebracht ist, muss ihm der Regiments-Feldscher, nach erheischender Notdurft, zur Ader lassen, auch durch die Compagnie-Feldschers, so lange es nötig, mit Einschmieren zu tractiren, unvergessen sein.

Die Execution zum Spieß-Ruten kann auch auf folgende Art formiert werden: Wenn die Parade auf dem Platz, wo erstere gehalten werden soll, aufmarschiert ist, kommandiert der Major:

Habt acht!

Präsentiert das Gewehr!

Schultert das Gewehr!

Das 1ste Glied, und die im 2ten doubliren, rechts um kehrt euch!

Hier nehmen die Offiziers die Espontons hoch, und marschieren, wenn die Wendung gemacht worden, nach denen beiden Flügeln; Das 1ste Glied nebst dem 2ten, 4ten, 6ten, 8ten Mann, und so ferner aus dem 2ten Glied machen Rechtsum kehrt; Vom rechten und linken Flügel des 2ten Gliedes werden so viel Mannschaften genommen, als nötig, die Flügel der solchergestalt gemachten Gasse zu schließen:

Das Gewehr beim Fuß!

Hier nehmen, wie auch bei der 1sten Methode, die Offiziers die Espontons mit denen 2 letzten Tempos ebenfalls beim Fuß:

Das Gewehr in linken Arm!

Nun teilt der Stecken-Knecht die Ruten aus, wie oben beschrieben.

Wenn die Execution vorbei, kommandiert der Major, wie oben gesagt:

>Ruten weg!
>
>Das Gewehr beim Fuß!
>
>Schultert das Gewehr!

mit denen 2 letzten Tempos nehmen die Offiziers das Esponton hoch, treten wieder vor, und nehmen von selbst das Esponton beim Fuß:

>Das 1ste Glied und die, so im 2ten doubliret haben, rechts herstellt euch!

Zugleich treten die Leute, so aus dem 2ten Gliede die Gassen auf denen Flügeln geschlossen, wieder auf ihren Platz.

>Richtet euch!

richtet sich ein jeder wieder gerade ins Glied und auf die Vorder-Leute, und die Parade steht wieder in ihrer ersten Ordnung. Diese Art, zur Execution zu formieren, hat diesen Vorteil, dass die Parade unverändert stehen bleibt, und keinen großen Terrain einzunehmen nötig hat.

———

Kriegs-Artikel
vom 30. Novembr: 1700

1.

Anfänglich und vors erste, dieweil aller Segen und Gedeihen, einig und allein von dem grundgütigen Gott zu erlangen, so soll sich ein jeder eines frommen und gottfürchtigen Wandels befleißigen, alles üppigen ärgerlichen Lebens enthalten, und zu dessen merklichen Bezeugungen, sich nicht allein bei den Predigten und Gottesdienst, wenn dazu geblasen oder geschlagen wird und zu selbiger Zeit weder bei einem Marquetender, noch andern ungebührlichen Orten sich finden lassen, sondern auch weder durch Fluchen noch andere verbotene Teufelskünste den hochheiligen Namen Gottes missbrauchen, noch viel weniger Gott selbst, an dessen allerheiligsten Person, Majestät, Eigenschaft, Verdienst, Sakramenten oder geoffenbarten Worte lästern und schänden. Denn wer hier wider handelt, es geschehe nüchtern oder trunken, der soll, nach Befinden seines Verbrechens, ohne alle Gnade an Leib und Leben, oder sonst nach Verordnung derer Rechte, gestraft werden.

2.

Hiernächst sollt ihr geloben und schwören, dass ihr höchst gemelder Sr. Königl. Majest. in Polen, und Churfürstl. Durchl. zu Sachsen, treu, hold und dienstgewärtig, auch schuldig sein wollet, Sr. Königl. Majest. in Polen, und Churfürstl. Durchl. und dem hohen Churhause, Nutz und Wohlfahrt,

Ehre, Respekt und Aufnehmen, soviel an euch ist, gehorsamst zu befördern, Schaden und Nachteil äußerst zu verhüten, alles Widerwärtige und Schädliche, sobald ihr dessen das geringste erfahren möchtet, treulich zu offenbaren, auch zu Beschützung derer Land und Leute, euch allenthalben, wie es die Zeit und Gelegenheit erfordern wird, willig gebrauchen zu lassen, auch in währenden euern Diensten, sowohl im Felde als Hoflager, in allen anbefohlen Verrichtungen, euch unweigerlich also zu erweisen, wie euch als rechtschaffenen Offizieren und Soldaten, eurer alleruntertänigsten Pflicht nach, obliegt und gebührt.

3.

Sollt ihr nächst Ihro Königl. Majest. und Churf. Durchl. zu Sachsen jeden euch vorgesetzten Generals sowohl ein jeder denen in und bei seinem Regimente vorgestellten kommandierenden Offiziers allen Gehorsam und Respekt leisten, nach deren Gebot, Verbot und Kommando euch aufs genauste richten, euch weder mit Worten, viel weniger mit der Tat an sie vergreifen, denn wer hierinnen verbricht, der soll auf Erkenntnis des Kriegsrechts, nach befundenen Umständen und Qualität seines Verbrechens, an Leib und Leben, Ehre, oder sonst exemplarisch gestraft werden.

4.

Gleichergestalt sollen die von Sr. K. Maj. und Ch. D. und Dero Generalität erteilte Salveguarden, Pässe und Schutzbriefe in hohen Respekt und

Ehre gehalten, und darwider nicht gehandelt werden, hingegen derjenige, so dieselben violiert oder ungehorsamer Weise solchen zuwider sich etwas unternimmt, in Leib und Lebens Strafe verfallen sein.

5.

Es soll bei gesetzter Wacht sich niemand unterstehen, mit Lösung des Gewehrs, oder sonst einen unnötigen Alarm zu machen, sondern durch dessen Erregung, Leib und Leben, oder doch andere gebührende Strafe verwirkt haben.

6.

Keiner soll von der ihm anbefohlenen und zukommenden Wachen bleiben, sondern in Person dazu erscheinen, selbige gebührend nach Erforderung seiner Charge verrichten, insonderheit aber soll keiner die Schildwacht verschlafen, oder vor der Ablösung davon gehen, oder dergestalt trunken darauf kommen, dass er solche nicht bestellen können, denn die sich zur Wacht nicht einfinden, sollen in Band und Eisen geschlagen werden, die delinquierende Schildwacht aber Leib und Leben verloren haben.

7.

Bei vorhabenden Marsch soll ein jeder auf beschehenen Trommelschlag sich schleunigst bei seinem Fähnlein, dazu er geschworen, verfügen, und ohne wahrhafte Bescheinigung einiger Krankheit nicht davon ausbleiben und sobald der Marsch fortgeht, keiner von seiner Compagnie ohne Vorwissen der Ober-Offiziers sich abziehen, oder nach Kriegs-Manier deshalb gestraft werden.

8.

Vielmehr soll ein jedweder treu und standhaft bei seinem Fähnlein halten, denn wer sich heimlicher Weise von demselben absentiert, über Nacht davon bleibt, oder gar von der Compagnie weg läuft, ingleichen ausreißt, feldflüchtig wird, oder gar zum Feind überläuft, derselbe soll, wenn er ertappt wird, ohne alle Gnade aufgehenkt, da er aber nicht zu erlangen, öffentlich citieret vor vogelfrei erkläret, zum Schelm gemacht und dessen Namen an den Galgen geschlagen werden.

9.

Welcher bei vorfallender Occasion seine anvertraute Post, Wacht oder andere Herrndienste verlässt, ehe er dabei seine Schuldigkeit genugsam erwiesen, der soll vor Recht gestellet, und nach dessen Erkenntnis gestraft werden.

10.

Alle Correspondenz, Communication und Handlung mit dem Feinde, oder dessen Zugehörigen, sie sei schriftlich oder mündlich, soll an Ehre und Gut auch Leib und Leben gestraft werden, auch soll keiner sich unterstehen, ohne ausdrückliche Beurlaubung des Feindes Zeichen zu führen, oder die darauf gesetzte Strafe zu gewarten haben.

11.

Es soll ohne Vorwissen des Oberoffiziers, keine Zusammenkunft noch Rottierung vorgenommen werden oder die Übertreter und insonderheit die Rädelsführer Leib- und Lebensstrafen zu gewarten haben.

12.

Wer meuteniert, es geschehe auch, auf was Art es wolle, der soll ohne alle Gnade Leib und Leben verwirket haben.

13.

Alles Saufen, Duellieren, Balgen und Schlagen, soll Kraft Dero vormals darüber publizierter Mandate, nochmals alles Ernstes, bei derer in denenselben angedrohten Strafen verboten sein.

14.

Maitressen, Konkubinen, und alles andere verdächtige Frauens Volk soll keiner weder Ober-Offizier noch gemeiner Soldat, bei sich haben oder bei der Compagnie sich aufhalten lassen, sondern der darauf gehörigen Verordnung zu gewarten haben.

15.

Alle andere Verbrechen als Mord, Totschlag, Entleibung, Notzucht, Ehebruch, Straßenraub, Brand, Diebstahl, und alle andere gemeine nicht bloß Militair-Delicta, sollen nach der in Rechten diesfalls gemachten Verordnung gestraft und wider die Verbrecher darauf erkannt werden.

16.

In den Quartieren soll sich ein jeder der Gebühr nach bezeugen, weder gegen den Wirt noch dessen Leute sich einiger Gewalt und Unbefugnis gebrauchen, noch auch ein anders, als ihm wirklich assigniert, eigenhändig einnehmen, auch sonsten darinnen sich dergestalt verhalten, wie es ihm obliegt, oder gehörige Strafe unnachlässig zu gewarten haben.

17.

Auf Musterung soll kein Blinder passiert werden, sondern die Offiziere dafür zu Verantwortung stehen, der aber also durchgeht, und nicht richtig zur Compagnie geworben, soll aufgehenkt werden.

18.

Keiner soll sein Gewehr und Waffen, Montierung, ingleichen ausgeteilte Munition, und anvertraute Gewehrschaft verwahrlosen, verderben, wegwerfen, verspielen, noch versetzen oder verkaufen, oder vor seine Person, der darauf gehörigen Strafe unterworfen sein, derjenige aber, der sich solche Montierung, Gewehr und andere Gewehrschaften anmaßet soll der Restitution ohne Entgelt, auch nach Befinden seines hierbei gehabten Vorteils andere Bestrafung schuldig sein.

19.

Kirchen, Klöster, Rat-, Proviant- und andere Häuser, auch Mühlen, Pflüge, Backöfen, Schmiedestätten und alle zu gemeiner Notdurft gehörige Plätze soll keiner, weder in Freundes noch in Feindes Land, mutwillig und ohne Befehl verderben, verbrennen und sonsten verwüsten, auch denenjenigen, so Proviant und Waren zuführen, nichts mit Gewalt abnehmen, denn wer hierinnen verbricht, soll nach Erkenntnis des Rechts am Leben gestraft werden.

20.

Es soll keiner, er sei wer es wolle, einen Missetäter verbergen, oder zu seiner Flucht behilflich sein, bei Strafe Leibes und Lebens.

21.

Alles und jedes, so nach Kriegsgebrauch einem jeden zu tun zukommt und zu tun obliegt, er auch nach Erforderung seiner Dienste zu leisten schuldig ist, soll er hiermit und Kraft dieses eben sowohl zu tun verbunden und gehalten sein, als ob es expresse in diesem Artikulusbriefe mit klaren Worten eingesetzt, geboten oder verboten wäre, immaßen Ihro K. M. und Ch. D. ausdrücklich verordnet, dass alle und jede ereignende Militair-Verbrechen, Exzesse und Ungebührnisse sowohl an Offizieren als Soldaten nach wohl hergebrachtem Kriegsgebrauch, Gewohnheit, Observanz und eingeführten Kriegsrecht, geurteilt, erkannt und gestraft werden soll.

22.

Alle Gefangene sollen ohne einige Ausflucht und Vorwand angemeldet werden, daher sich keiner unterstehen soll, einen loszulassen, zu verbergen oder ungebührlich mit ihm umzugehen und zu verfahren, sondern ein jedweder soll schuldig sein, aufs schleunigste, und so es möglich binnen 24 Stunden seinen Gefangenen bei dem General-Auditeur anzumelden, und daselbst seiner Eroberung und Ranzion halber, Bescheid oder diesfalls andere nötige Verordnung zu empfangen haben.

23.

Insonderheit lassen Ihro K. M. und Ch. D. hierbei kund machen, dass diejenigen, so zukünftig zu Dero Diensten angeworben und angenommen werden möchten, und noch nicht auf diese Artikel geschworen, nichts desto weniger zu derer Beobachtung und Bestrafung ebenergestalt, als ob sie sich eidlich dazu verpflichtet, verbunden sein, und ihnen ihre diesfalls vorgeschützte Unwissenheit zu keiner Entschuldigung dienen soll.

24.

Ingleichen soll in keinem einzigen Verbrechen der übermäßige Trunk dem Übeltäter zu statten kommen, denn wer trunken etwas verbricht, soll da das Delictumcapital ohne Ansehen des gehabten Trunks, nach Schärfe der Rechte, mit der ordentlichen Strafe; da es arbitrarie zu verbüßen, seines gehabten Trunks halber, mit härterer als die sonst darauf gesetzte Strafe belegt werden.

Diese Artikel nun haben höchstgedachte Ihro K. M. und Ch. D. euch allerseits vorzuhalten, und dass ihr euch nach denselben gehorsamst richten, oder der dafür gedrohten Strafe ohnfehlbar gewärtig sein zu Dero genauerer Beobachtung, auch euch eidlich dazu verbinden sollet, anzudeuten befohlen, gestalt höchstermelder Ihro K. M. und Ch. D. zu dessen Bestärkung solchen Artikelsbrief eigenhändig unterschrieben.

Eid

Alles dasjenige, was mir anjetzo in denen abgelesenen Artikeln vorgehalten worden, will ich N. N. steif, fest und unverbrüchlich halten, oder der darauf gesetzten Strafe schuldig sein, so wahr mir Gott helfe und sein heiliges teures Wort Jesus Christus Amen.

Quellen

Dienst-Reglement im Lande und im Felde vor Dero Infanterie-Regimenter – Dresden 1753

Handbuch der chursächsischen Gesetze - Sechster Band – Kriegs Recht / Zeitz 1805

Hauptstaatsarchiv Dresden
Bestand 11326 Kriegsgerichte Infanterie Nr. 0893

An Reglements und Instruktionen sind in dieser Reihe bisher erschienen:

No.11 Allgemeine Dienstregeln für die Unterofficiers der Churf. Sächs. Infanterie 1802

No.17 Unterricht für die Scharfschützen bey der Churf. sächs.Infanterie vom Jahre 1804

No.18 Reglement für die Kgl. Sächs.leichte Infanterie zu den Uebungen außer der geschlossenen Ordnung vom Jahre 1810

No.24 Sammlung von Instruktionen der königlich sächsischen Armee 1810 – 1815 (Teil I)
No.25 Teil II; No.31 Teil III;
No.44 Teil IV; No.53 Teil V

No.36 Katechismus für Soldaten / Anleitung zu Unterhaltungsstunden vom Jahre 1809

No.38 Reglements für die kurf. Sächs. Artillerie 1767 und 1777

No.48 Instruktion und Arzneiverzeichnis für die Kompanie-Feldschere